CW01668027

BRIATHRA NA GAEILGE

Regular and Irregular

Déaglán Ó Murchú B.A. & Pádraig Ó Murchú B.A.

FOLENS TEO,
Eastát Tionsclaíochta Hibernian, Bóthar na nGlaschnoc, Tamhlacht, BÁC 24.

CLÁR

NA BRIATHRA RIALTA *Regular Verbs*

SUMMARY

REGULAR VERBS

FIRST CONJUGATION	EXAMPLES
1. Verbs with stems of **one** syllable:-	mol, léigh, suigh.
2. Verbs with stems of more than one syllable and ending in - **ÁIL**:–	sábháil, marcáil, vótáil.
3. A number of verbs of more than one syllable:–	taispeáin, tionóil, ceiliúir.

NOTE

The stem of a verb is its form in the 2nd. person singular, Imperative Mood. e.g. Rith, Las, Dún, Sábháil.

SECOND CONJUGATION			
1. Verbs with stems of more than one syllable and ending in - (A) **IGH**:–			beannaigh, bailigh, brostaigh.
2. Abbreviated (syncopated) verbs. Verbs of more than one syllable and ending in:–			
- (A) IL	ceanglaím	*I tie*	ceangail, oscail, eitil.
- (A) IR	bagraím	*I threaten*	bagair, labhair, imir.
- (A) IS	insím	*I tell*	inis.
- (A) IN	cosnaím	*I defend*	cosain, aithin, cogain.
3. A number of verbs with stems of more than one syllable and which are not abbreviated (syncopated):–			foghlaim, tarraing, freastail.

IRREGULAR VERBS

1. There are **eleven** such verbs. They do not keep the same stem throughout their conjugation.

   e.g. **Téim** *I go* **Chuaigh mé** *I went* **Rachaidh mé** *I will go*

2. **DEPENDENT FORM OF THE VERB.**

   Some irregular verbs have special **dependent forms** which have to be used after:–

   an, ní, nach, cá, go, mura,
   ar, níor, nár, cár, gur, murar.

   These forms must be learned by the student.

e.g.	Rinne sé	*he did*	**Ní** dhearna sé	*he did not do*
	Chuaigh sé	*he went*	**An** ndeachaigh sé?	*did he go?*
	Chonaic sé	*he saw*	**Cá** bhfaca sé?	*where did he see?*

NOTE

Study the following little words as they do **not** change the verb:–

cé, cad, céard, conas, nuair, cathain, ó, má.

e.g.	Rinne sé	*he did*	**Cad** a rinne sé?	*what did he do?*
	Chonaic sé	*he saw*	**Cé** chonaic?	*who saw?*

TERMS & ABBREVIATIONS

TERM	MEANING	ABBREVIATIONS
Aimsir Láithreach *Present Tense*	tógann sé *he takes*	LÁITH.
Aimsir Chaite *Past Tense*	thóg sé *he took*	CAITE
Aimsir Ghnáthchaite *Habitual Past*	thógadh sé *he used to take*	GH. CHAITE
Aimsir Fháistineach *Future Tense*	tógfaidh sé *he will take*	FÁIS.
Modh Coinníollach *Conditional Mood*	thógfadh sé *he would take*	M. COINN.
Modh Foshuiteach Láithreach *Present Subjunctive*	go dtóga sé *that he may take*	M. FOSH. LÁITH.
Modh Ordaitheach *Imperative Mood*	tóg *take*	M. ORD.
Ainm Briathartha *Verbal Noun, Pres. Participle*	tógáil *taking*	AINM BRIATH.
Aidiacht Bhriathartha *Verbal Adj., Past Participle*	tógtha *taken*	AIDIACHT BHRIATH.
Diúltach *Negative*	ní thógann sé *he does not take*	
Ceisteach *Interrogative*	an dtógann sé? *does he take?*	
Saorbhriathar *Impersonal or Autonomous Form*	tógtar *somebody takes*	Sb.

NOTE ON THE SAORBHRIATHAR.
We use this form of the verb when we do not wish to mention by name the person who does the action. Also we can often use it to translate the English Passive Voice.

e.g. **Tógtar** airgead as an mbosca.
Somebody, *someone,* takes money out of the box.
Money is taken out of the box.

NOTE ON THE THIRD PERSON SINGULAR.
The third person singular is always sé or sí *tógann sé, tógann sí,* but in order to eliminate repetition we have left out sí consistently throughout the book. It is, however, at all times understood.

AN CHÉAD RÉIMNIÚ *1st. Conjugation*

TÓG *take* **Tógaim** *I take*

LÁITH.	CAITE	GH. CHAITE	FÁIS.
I take	*I took*	*I used to take*	*I shall take*
tógaim	thóg mé	thógainn	tógfaidh mé
tógann tú	thóg tú	thógtá	tógfaidh tú
tógann sé	thóg sé	thógadh sé	tógfaidh sé
tógaimid	thógamar	thógaimis	tógfaimid
tógann sibh	thóg sibh	thógadh sibh	tógfaidh sibh
tógann siad	thóg siad	thógaidís	tógfaidh siad
Sb.	**Sb.**	**Sb.**	**Sb.**
tógtar	tógadh	thógtaí	tógfar
somebody takes	*somebody took*	*sby. used to take*	*somebody will take*
Diúltach	**Diúltach**	**Diúltach**	**Diúltach**
ní thógann sé	níor thóg sé	ní thógadh sé	ní thógfaidh sé
he does not take	*he did not take*	*he used not take*	*he will not take*
Ceisteach	**Ceisteach**	**Ceisteach**	**Ceisteach**
an dtógann sé?	ar thóg se?	an dtógadh sé?	an dtógfaidh sé?
does he take?	*did he take?*	*used he take?*	*will he take?*
M. COINN.	**M. FOSH. LÁITH.**	**M. ORD.**	**AINM BRIATH.**
I would take	*that I may take*	*take*	tógáil
thógfainn	go dtóga mé	tógaim	*taking*
thógfá	go dtóga tú	tóg	
thógfadh sé	go dtóga sé	tógadh sé	**AIDIACHT BHRIATH.**
thógfaimis	go dtógaimid	tógaimis	tógtha
thógfadh sibh	go dtóga sibh	tógaigí	*taken*
thógfaidís	go dtóga siad	tógaidís	
Sb.	**Sb.**	**Sb.**	
thógfaí	go dtógtar	tógtar	
sby. would take	*may somebody take*	*let somebody take*	
Diúltach	**Diúltach**	**Diúltach**	
ní thógfadh sé	nár thóga sé	ná tóg	
he would not take	*may he not take*	*do not take*	
Ceisteach			
an dtógfadh sé? *would he take?*			

Verbs similar to **TÓG**

Cas	*twist, turn*	casaim	Díol	*sell*	díolaim
Cíor	*comb*	cíoraim	Dún	*close*	dúnaim
Cnag	*knock*	cnagaim	Glan	*clean*	glanaim
Croch	*hang*	crochaim	Las	*light*	lasaim
Crom	*stoop*	cromaim	Mol	*praise*	molaim
Cum	*compose*	cumaim	Póg	*kiss*	pógaim

ÓL *drink* **Ólaim** *I drink.*

LÁITH.	CAITE	GH. CHAITE	FÁIS.
I drink	*I drank*	*I used to drink*	*I shall drink*
ólaim	d'ól mé	d'ólainn	ólfaidh mé
ólann tú	d'ól tú	d'óltá	ólfaidh tú
ólann sé	d'ól sé	d'óladh sé	ólfaidh sé
ólaimid	d'ólamar	d'ólaimis	ólfaimid
ólann sibh	d'ól sibh	d'óladh sibh	ólfaidh sibh
ólann siad	d'ól siad	d'ólaidís	ólfaidh siad
Sb.	**Sb.**	**Sb.**	**Sb.**
óltar	óladh	d'óltaí	ólfar
somebody drinks	*somebody drank*	*sby. used to drink*	*somebody will drink*
Diúltach	**Diúltach**	**Diúltach**	**Diúltach**
ní ólann sé	níor ól sé	ní óladh sé	ní ólfaidh sé
he does not drink	*he did not drink*	*he used not drink*	*he will not drink*
Ceisteach	**Ceisteach**	**Ceisteach**	**Ceisteach**
an ólann sé?	ar ól sé?	an óladh sé?	an ólfaidh sé
does he drink?	*did he drink?*	*used he drink?*	*will he drink?*
M. COINN.	**M. FOSH. LÁITH.**	**M. ORD.**	**AINM BRIATH.**
I would drink	*that I may drink*	*drink*	ól
d'ólfainn	go n-óla mé	ólaim	*drinking*
d'ólfá	go n-óla tú	ól	
d'ólfadh sé	go n-óla sé	óladh sé	**AIDIACHT BHRIATH.**
d'ólfaimis	go n-ólaimid	ólaimis	ólta
d'ólfadh sibh	go n-óla sibh	ólaigí	*drunk*
d'ólfaidís	go n-óla siad	ólaidís	
Sb.	**Sb.**	**Sb.**	
d'ólfaí	go n-óltar	óltar	
sby. would take	*may sby. drink*	*let somebody drink*	
Diúltach	**Diúltach**	**Diúltach**	
ní ólfadh sé	nár óla sé	ná hól	
he would not drink	*may he not drink*	*do not drink*	
Ceisteach			
an ólfadh sé? *would he drink?*			

Verbs similar to **ÓL**.

Athdhíol	*re-sell*	athdhíolaim	Atóg	*re-construct*	atógaim
Athscríobh	*re-write*	athscríobhaim	Íoc	*pay*	íocaim

NOTE In the "Caite" we put a **D'** before a verb beginning with a vowel or F except in the Sb. form.
e.g. D'ól mé D'fhág mé but Sb. óladh fágadh

FÉACH *look* **Féachaim** *I look.*

LÁITH.	CAITE	GH. CHAITE	FÁIS.
I look féachaim féachann tú féachann sé féachaimid féachann sibh féachann siad	*I looked* d'fhéach mé d'fhéach tú d'fhéach sé d'fhéachamar d'fhéach sibh d'fhéach siad	*I used to look* d'fhéachainn d'fhéachtá d'fhéachadh sé d'fhéachaimis d'fhéachadh sibh d'fhéachaidís	*I shall look* féachfaidh mé féachfaidh tú féachfaidh sé féachfaimid féachfaidh sibh féachfaidh siad
Sb. féachtar *somebody looks*	**Sb.** féachadh *somebody looked*	**Sb.** d'fhéachtaí *sby. used to look*	**Sb.** féachfar *somebody will look*
Diúltach ní fhéachann sé *he does not look*	**Diúltach** níor fhéach sé *he did not look*	**Diúltach** ní fhéachadh sé *he used not look*	**Diúltach** ní fhéachfaidh sé *he will not look*
Ceisteach an bhféachann sé? *does he look?*	**Ceisteach** ar fhéach sé? *did he look?*	**Ceisteach** an bhféachadh sé? *used he look?*	**Ceisteach** an bhféachfaidh sé? *will he look?*

M. COINN.	M. FOSH. LÁITH.	M. ORD.	AINM BRIATH.
I would look d'fhéachfainn d'fhéachfá d'fhéachfadh sé d'fhéachfaimis d'fhéachfadh sibh d'fhéachfaidís	*that I may look* go bhféacha mé go bhféacha tú go bhféacha sé go bhféachaimid go bhféacha sibh go bhféacha siad	*look* féachaim féach féachadh sé féachaimis féachaigí féachaidís	féachaint *looking* **AIDIACHT BHRIATH.** féachta *looked*
Sb. d'fhéachfaí *sby. would look*	**Sb.** go bhféachtar *may somebody look*	**Sb.** féachtar *let somebody look*	
Diúltach ní fhéachfadh sé *he would not look*	**Diúltach** nár fhéacha sé *may he not look*	**Diúltach** ná féach *do not look*	
Ceisteach an bhféachfadh sé? *would he look?*			

Verbs similar to **FÉACH.**

Fág	*leave*	fágaim	Féad	*can*	féadaim
Fan	*wait, stay*	fanaim	Feac	*genuflect, bend*	feacaim
Fás	*grow*	fásaim	Fiuch	*boil*	fiuchaim

NOTE Do not confuse this regular verb with the irregular verb **"Feic"** *see.*

SCUAB *sweep, brush* **Scuabaim** *I sweep.*

LÁITH.	CAITE	GH. CHAITE	FÁIS.
I sweep	*I swept*	*I used to sweep*	*I shall sweep*
scuabaim	scuab mé	scuabainn	scuabfaidh mé
scuabann tú	scuab tú	scuabtá	scuabfaidh tú
scuabann sé	scuab sé	scuabadh sé	scuabfaidh sé
scuabaimid	scuabamar	scuabaimis	scuabfaimid
scuabann sibh	scuab sibh	scuabadh sibh	scuabfaidh sibh
scuabann siad	scuab siad	scuabaidís	scuabfaidh siad
Sb.	**Sb.**	**Sb.**	**Sb.**
scuabtar	scuabadh	scuabtaí	scuabfar
somebody sweeps	*somebody swept*	*sby. used to sweep*	*somebody will sweep*
Diúltach	**Diúltach**	**Diúltach**	**Diúltach**
ní scuabann sé	níor scuab sé	ní scuabadh sé	ní scuabfaidh sé
he does not sweep	*he did not sweep*	*he used not sweep*	*he will not sweep*
Ceisteach	**Ceisteach**	**Ceisteach**	**Ceisteach**
an scuabann sé?	ar scuab sé?	an scuabadh sé?	an scuabfaidh sé?
does he sweep?	*did he sweep?*	*used he sweep?*	*will he sweep?*

M. COINN.	M. FOSH. LÁITH.	M. ORD.	AINM BRIATH.
I would sweep	*that I may sweep*	*sweep*	scuabadh
scuabfainn	go scuaba mé	scuabaim	*sweeping*
scuabfá	go scuaba tú	scuab	
scuabfadh sé	go scuaba sé	scuabadh sé	**AIDIACHT BHRIATH.**
scuabfaimis	go scuabaimid	scuabaimis	scuabtha
scuabfadh sibh	go scuaba sibh	scuabaigí	*swept*
scuabfaidís	go scuaba siad	scuabaidís	
Sb.	**Sb.**	**Sb.**	
scuabfaí	go scuabtar	scuabtar	
sby. would sweep	*may somebody sweep*	*let somebody sweep*	
Diúltach	**Diúltach**	**Diúltach**	
ní scuabfadh sé	nár scuaba sé	ná scuab	
he would not sweep	*may he not sweep*	*do not sweep*	
Ceisteach			
an scuabfadh sé? *would he sweep?*			

Verbs similar to **SCUAB.**

Sciob	*snatch*	sciobaim	Scríobh	*write*	scríobhaim
Scréach	*screech*	scréachaim	Spreag	*urge, incite*	spreagaim
Scread	*scream*	screadaim	Stad	*stop*	stadaim

NOTE The letter 'S' is not aspirated (*h*) when it is followed by: **C, F, M, P, T, V.**
e.g. **Scuab** sé; **Stad** sé; but **Sheas** sé.

SIÚIL *walk* **Siúlaim** *I walk.*

LÁITH. *I walk* siúlaim siúlann tú siúlann sé siúlaimid siúlann sibh siúlann siad **Sb.** siúltar *somebody walks* **Diúltach** ní shiúlann sé *he does not walk* **Ceisteach** an siúlann sé? *does he walk?*	**CAITE** *I walked* shiúil mé shiúil tú shiúil sé shiúlamar shiúil sibh shiúil siad **Sb.** siúladh *somebody walked* **Diúltach** níor shiúil sé *he did not walk* **Ceisteach** ar shiúil sé? *did he walk?*	**GH. CHAITE** *I used to walk* shiúlainn shiúltá shiúladh sé shiúlaimis shiúladh sibh shiúlaidís **Sb.** shiúltaí *sby. used to walk* **Diúltach** ní shiúladh sé *he used not walk* **Ceisteach** an siúladh sé? *used he walk?*	**FÁIS.** *I shall walk* siúlfaidh mé siúlfaidh tú siúlfaidh sé siúlfaimid siúlfaidh sibh siúlfaidh siad **Sb.** siúlfar *somebody will walk* **Diúltach** ní shiúlfaidh sé *he will not walk* **Ceisteach** an siúlfaidh sé? *will he walk?*
M. COINN. *I would walk* shiúlfainn shiúlfá shiúlfadh sé shiúlfaimis shiúlfadh sibh shiúlfaidís **Sb.** shiúlfaí *sby. would walk* **Diúltach** ní shiúlfadh sé *he would not walk* **Ceisteach** an siúlfadh sé? *would he walk?*	**M. FOSH. LÁITH.** *that I may walk* go siúla mé go siúla tú go siúla sé go siúlaimid go siúla sibh go siúla siad **Sb.** go siúltar *may somebody walk* **Diúltach** nár shiúla sé *may he not walk*	**M. ORD.** *walk* siúlaim siúil siúladh sé siúlaimis siúlaigí siúlaidís **Sb.** siúltar *let somebody walk* **Diúltach** ná siúil *do not walk*	**AINM BRIATH.** siúl *walking* **AIDIACHT BHRIATH.** siúlta *walked*

BRIS *break* **Brisim** *I break.*

LÁITH.	CAITE	GH. CHAITE	FÁIS.
I break	*I broke*	*I used to break*	*I shall break*
brisim	bhris mé	bhrisinn	brisfidh mé
briseann tú	bhris tú	bhristeá	brisfidh tú
briseann sé	bhris sé	bhriseadh sé	brisfidh sé
brisimid	bhriseamar	bhrisimis	brisfimid
briseann sibh	bhris sibh	bhriseadh sibh	brisfidh sibh
briseann siad	bhris siad	bhrisidís	brisfidh siad
Sb.	**Sb.**	**Sb.**	**Sb.**
bristear	briseadh	bhristí	brisfear
somebody breaks	*somebody broke*	*sby. used to break*	*somebody will break*
Diúltach	**Diúltach**	**Diúltach**	**Diúltach**
ní bhriseann sé	níor bhris sé	ní bhriseadh sé	ní bhrisfidh sé
he does not break	*he did not break*	*he used not break*	*he will not break*
Ceisteach	**Ceisteach**	**Ceisteach**	**Ceisteach**
an mbriseann sé?	ar bhris sé?	an mbriseadh sé?	an mbrisfidh sé?
does he break?	*did he break?*	*used he break?*	*will he break?*

M. COINN.	M. FOSH. LÁITH.	M. ORD.	AINM BRIATH.
I would break	*that I may break*	*break*	briseadh
bhrisfinn	go mbrise mé	brisim	*breaking*
bhrisfeá	go mbrise tú	bris	
bhrisfeadh sé	go mbrise sé	briseadh sé	**AIDIACHT BHRIATH.**
bhrisfimis	go mbrisimid	brisimis	briste
bhrisfeadh sibh	go mbrise sibh	brisigí	*broken*
bhrisfidís	go mbrise siad	brisidís	
Sb.	**Sb.**	**Sb.**	
bhrisfí	go mbristear	bristear	
sby. would break	*may somebody break*	*let somebody break*	
Diúltach	**Diúltach**	**Diúltach**	
ní bhrisfeadh sé	nár bhrise sé	ná bris	
he would not break	*may he not break*	*do not break*	
Ceisteach			
an mbrisfeadh sé? *would he break?*			

Verbs similar to **BRIS.**

Buail	*beat, strike*	buailim	Múin	*teach*	múinim
Caill	*lose*	caillim	Rith	*run*	rithim
Caith	*throw*	caithim	Scaip	*scatter*	scaipim
Creid	*believe*	creidim	Tit	*fall*	titim
Cuir	*put, send*	cuirim	Troid	*fight*	troidim
Goid	*steal*	goidim	Tuig	*understand*	tuigim

DÓIGH *burn* **Dóim** *I burn.*

LÁITH.	CAITE	GH. CHAITE	FÁIS.
I burn	*I burned*	*I used to burn*	*I shall burn*
dóim	dhóigh mé	dhóinn	dófaidh mé
dónn tú	dhóigh tú	dhóiteá	dófaidh tú
dónn sé	dhóigh sé	dhódh sé	dófaidh sé
dóimid	dhómar	dhóimis	dófaimid
dónn sibh	dhóigh sibh	dhódh sibh	dófaidh sibh
dónn siad	dhóigh siad	dhóidís	dófaidh siad
Sb.	**Sb.**	**Sb.**	**Sb.**
dóitear	dódh	dhóití	dófar
somebody burns	*somebody burned*	*sby. used to burn*	*somebody will burn*
Diúltach	**Diúltach**	**Diúltach**	**Diúltach**
ní dhónn sé	níor dhóigh sé	ní dhódh sé	ní dhófaidh sé
he does not burn	*he did not burn*	*he used not burn*	*he will not burn*
Ceisteach	**Ceisteach**	**Ceisteach**	**Ceisteach**
an ndónn sé?	ar dhóigh sé?	an ndódh sé?	an ndófaidh sé?
does he burn?	*did he burn?*	*used he burn?*	*will he burn?*
M. COINN.	**M. FOSH. LÁITH.**	**M. ORD.**	**AINM BRIATH.**
I would burn	*that I may burn*	*burn*	dó
dhófainn	go ndó mé	dóim	*burning*
dhófá	go ndó tú	dóigh	
dhófadh sé	go ndó sé	dódh sé	**AIDIACHT BHRIATH.**
dhófaimis	go ndóimid	dóimis	dóite
dhófadh sibh	go ndó sibh	dóigí	*burnt*
dhófaidís	go ndó siad	dóidís	
Sb.	**Sb.**	**Sb.**	
dhófaí	go ndóitear	dóitear	
sby. would burn	*may somebody burn*	*let somebody burn*	
Diúltach	**Diúltach**	**Diúltach**	
ní dhófadh sé	nár dhó sé	ná dóigh	
he would not burn	*may he not burn*	*do not burn*	
Ceisteach			
an ndófadh sé? *would he burn?*			

Verbs similar to **DÓIGH**.

Beoigh	*liven, animate*	beoim	Dreoigh	*wither, rot*	dreoim
Breoigh	*sicken*	breoim	Feoigh	*wither, decay*	feoim
Clóigh	*print*	clóim	Reoigh	*freeze*	reoim

CRÁIGH *annoy, torment* **Cráim** *I annoy.*

LÁITH.	CAITE	GH. CHAITE	FÁIS.
I annoy	*I annoyed*	*I used to annoy*	*I shall annoy*
cráim	chráigh mé	chráinn	cráfaidh mé
cránn tú	chráigh tú	chráiteá	cráfaidh tú
cránn sé	chráigh sé	chrádh sé	cráfaidh sé
cráimid	chrámar	chráimis	cráfaimid
cránn sibh	chráigh sibh	chrádh sibh	cráfaidh sibh
cránn siad	chráigh siad	chráidís	cráfaidh siad
Sb.	**Sb.**	**Sb.**	**Sb.**
cráitear	crádh	chráití	cráfar
somebody annoys	*somebody annoyed*	*sby. used to annoy*	*somebody will annoy*
Diúltach	**Diúltach**	**Diúltach**	**Diúltach**
ní chránn sé	níor chráigh sé	ní chrádh sé	ní chráfaidh sé
he does not annoy	*he did not annoy*	*he used not annoy*	*he will not annoy*
Ceisteach	**Ceisteach**	**Ceisteach**	**Ceisteach**
an gcránn sé?	ar chráigh sé?	an gcrádh sé?	an gcráfaidh sé?
does he annoy?	*did he annoy?*	*used he annoy?*	*will he annoy?*

M. COINN.	M. FOSH. LÁITH.	M. ORD.	AINM BRIATH.
I would annoy	*that I may annoy*	*annoy*	crá
chráfainn	go gcrá mé	cráim	*annoying*
chráfá	go gcrá tú	cráigh	
chráfadh sé	go gcrá sé	crádh sé	**AIDIACHT BHRIATH.**
chráfaimis	go gcráimid	cráimis	cráite
chráfadh sibh	go gcrá sibh	cráigí	*annoyed*
chráfaidís	go gcrá siad	cráidís	
Sb.	**Sb.**	**Sb.**	
chráfaí	go gcráitear	cráitear	
sby. would annoy	*may sby. annoy*	*let somebody annoy*	
Diúltach	**Diúltach**	**Diúltach**	
ní chráfadh sé	nár chrá sé	ná cráigh	
he would not annoy	*may he not annoy*	*do not annoy*	
Ceisteach			
an gcráfadh sé? *would he annoy?*			

Verbs similar to **CRÁIGH.**

Báigh	*drown*	báim	Sáigh	*stab, thrust*	sáim
Cneáigh	*wound*	cneáim	Leáigh	*melt*	leáim
Meáigh	*weigh*	meáim			

CRÚIGH *milk* **Crúim** *I milk*

LÁITH.	CAITE	GH. CHAITE	FÁIS.
I milk crúim crúnn tú crúnn sé crúimid crúnn sibh crúnn siad	*I milked* chrúigh mé chrúigh tú chrúigh sé chrúmar chrúigh sibh chrúigh siad	*I used to milk* chrúinn chrúiteá chrúdh sé chrúimis chrúdh sibh chrúidís	*I shall milk* crúfaidh mé crúfaidh tú crúfaidh sé crúfaimid crúfaidh sibh crúfaidh siad
Sb. crúitear *somebody milks*	**Sb.** crúdh *somebody milked*	**Sb.** chrúití *sby. used to milk*	**Sb.** crúfar *somebody will milk*
Diúltach ní chrúnn sé *he does not milk*	**Diúltach** níor chrúigh sé *he did not milk*	**Diúltach** ní chrúdh sé *he used not milk*	**Diúltach** ní chrúfaidh sé *he will not milk*
Ceisteach an gcrúnn sé *does he milk?*	**Ceisteach** ar chrúigh sé? *did he milk?*	**Ceisteach** an gcrúdh sé? *used he milk?*	**Ceisteach** an gcrúfaidh sé? *will he milk?*

M. COINN.	M. FOSH. LÁITH.	M. ORD.	AINM BRIATH.
I would milk chrúfainn chrúfá chrúfadh sé chrúfaimis chrúfadh sibh chrúfaidís	*that I may milk* go gcrú mé go gcrú tú go gcrú sé go gcrúimid go gcrú sibh go gcrú siad	*milk* crúim crúigh crúdh sé crúimis crúigí crúidís	crú *milking* **AIDIACHT BHRIATH.** crúite *milked*
Sb. chrúfaí *sby. would milk*	**Sb.** go gcrúitear *may sby. milk*	**Sb.** crúitear *let somebody milk*	
Diúltach ní chrúfadh sé *he would not milk*	**Diúltach** nár chrú sé *may he not milk*	**Diúltach** ná crúigh *do not milk*	
Ceisteach an gcrúfadh sé? *would he milk?*			

Verbs similar to **CRÚIGH.**

Brúigh	*bruise, press*	brúim
Liúigh	*shout*	liúim
Súigh	*suck*	súim

BUAIGH *win, gain* **Buaim** *I win.*

LÁITH. *I win* buaim buann tú buann sé buaimid buann sibh buann siad **Sb.** buaitear *somebody wins* **Diúltach** ní bhuann sé *he does not win* **Ceisteach** an mbuann sé? *does he win?*	CAITE *I won* bhuaigh mé bhuaigh tú bhuaigh sé bhuamar bhuaigh sibh bhuaigh siad **Sb.** buadh *somebody won* **Diúltach** níor bhuaigh sé *he did not win* **Ceisteach** ar bhuaigh sé? *did he win?*	GH. CHAITE *I used to win* bhuainn bhuaiteá bhuadh sé bhuaimis bhuadh sibh bhuaidís **Sb.** bhuaití *sby. used to win* **Diúltach** ní bhuadh sé *he used not win* **Ceisteach** an mbuadh sé? *used he win?*	FÁIS. *I shall win* buafaidh mé buafaidh tú buafaidh sé buafaimid buafaidh sibh buafaidh siad **Sb.** buafar *somebody will win* **Diúltach** ní bhuafaidh sé *he will not win* **Ceisteach** an mbuafaidh sé? *will he win?*
M. COINN. *I would win* bhuafainn bhuafá bhuafadh sé bhuafaimis bhuafadh sibh bhuafaidís **Sb.** bhuafaí *sby. would win* **Diúltach** ní bhuafadh sé *he would not win* **Ceisteach** an mbuafadh sé? *would he win?*	M. FOSH. LÁITH. *that I may win* go mbua mé go mbua tú go mbua sé go mbuaimid go mbua sibh go mbua siad **Sb.** go mbuaitear *may somebody win* **Diúltach** nár bhua sé *may he not win*	M. ORD. *win* buaim buaigh buadh sé buaimis buaigí buaidís **Sb.** buaitear *let somebody win* **Diúltach** ná buaigh *do not win*	**AINM BRIATH.** buachan *winning* **AIDIACHT BHRIATH.** buaite *won*

Verbs similar to **BUAIGH.**

Cruaigh	*harden*	cruaim	Luaigh	*mention*	luaim
Fuaigh	*sew, stitch*	fuaim	Iaigh	*close, enclose*	iaim

LÉIGH *read* **Léim** *I read.*

LÁITH.	CAITE	GH. CHAITE	FÁIS.
I read léim léann tú léann sé léimid léann sibh léann siad	*I read* léigh mé léigh tú léigh sé léamar léigh sibh léigh siad	*I used to read* léinn léiteá léadh sé léimis léadh sibh léidís	*I shall read* léifidh mé léifidh tú léifidh sé léifimid léifidh sibh léifidh siad
Sb. léitear *somebody reads*	**Sb.** léadh *somebody read*	**Sb.** léití *sby. used to read*	**Sb.** léifear *somebody will read*
Diúltach ní léann sé? *he does not read*	**Diúltach** níor léigh sé *he did not read*	**Diúltach** ní léadh sé *he used not read*	**Diúltach** ní léifidh sé *he will not read*
Ceisteach an léann sé? *does he read?*	**Ceisteach** ar léigh sé? *did he read?*	**Ceisteach** an léadh sé? *used he read?*	**Ceisteach** an léifidh sé *will he read?*
M. COINN. *I would read* léifinn léifeá léifeadh sé léifimis léifeadh sibh léifidís	M. FOSH. LÁITH. *that I may read* go lé mé go lé tú go lé sé go léimid go lé sibh go lé siad	M. ORD. *read* léim léigh léadh sé léimis léigí léidís	AINM BRIATH. léamh *reading* AIDIACHT BHRIATH. léite *read*
Sb. léifí *sby. would read*	**Sb.** go léitear *may somebody read*	**Sb.** léitear *let somebody read*	
Diúltach ní léifeadh sé? *he would not read*	**Diúltach** nár lé sé *may he not read*	**Diúltach** ná léigh *do not read*	
Ceisteach an léifeadh sé? *would he read?*			

Verbs similar to **LÉIGH.**

Éigh	*cry aloud, beseech*	éim	Spréigh	*spray, scatter*	spréim
Pléigh	*plead, dispute*	pléim	Téigh	*warm*	téim

NIGH *wash* **Ním** *I wash.*

LÁITH. *I wash* ním níonn tú níonn sé nímid níonn sibh níonn siad **Sb.** nitear *somebody washes* **Diúltach** ní níonn sé *he does not wash* **Ceisteach** an níonn sé? *does he wash?*	**CAITE** *I washed* nigh mé nigh tú nigh sé níomar nigh sibh nigh siad **Sb.** níodh *somebody washed* **Diúltach** níor nigh sé *he did not wash* **Ceisteach** ar nigh sé? *did he wash?*	**GH. CHAITE** *I used to wash* nínn niteá níodh sé nímis níodh sibh nídís **Sb.** nití *sby. used to wash* **Diúltach** ní níodh sé *he used not wash* **Ceisteach** an níodh sé? *used he wash?*	**FÁIS.** *I shall wash* nífidh mé nífidh tú nífidh sé nífimid nífidh sibh nífidh siad **Sb.** nífear *somebody will wash* **Diúltach** ní nífidh sé *he will not wash* **Ceisteach** an nífidh sé? *will he wash?*
M. COINN. *I would wash* nífinn nífeá nífeadh sé nífimis nífeadh sibh nífidís **Sb.** nífí *sby. would wash* **Diúltach** ní nífeadh sé *he would not wash* **Ceisteach** an nífeadh sé? *would he wash?*	**M. FOSH. LÁITH.** *that I may wash* go ní mé go ní tú go ní sé go nímid go ní sibh go ní siad **Sb.** go nitear *may sby. wash* **Diúltach** nár ní sé *may he not wash*	**M. ORD.** *wash* ním nigh níodh sé nímis nígí nídís **Sb.** nitear *let somebody wash* **Diúltach** ná nigh *do not wash*	**AINM BRIATH.** ní *washing* **AIDIACHT BHRIATH.** nite *washed*

Verbs similar to **NIGH.**

Bligh	*milk*	blím	Luigh	*lie down*	luím
Cloígh	*overcome*	cloím	Maígh	*boast*	maím
Figh	*weave*	fím	Snoigh	*carve*	snoím
Guigh	*pray*	guím	Suigh	*sit*	suím
Ligh	*lick*	lím	Snigh	*flow*	sním

SÁBHÁIL *save* **Sábhálaim** *I save.*

LÁITH. *I save* sábhálaim sábhálann tú sábhálann sé sábhálaimid sábhálann sibh sábhálann siad	CAITE *I saved* shábháil mé shábháil tú shábháil sé shábhálamar shábháil sibh shábháil siad	GH. CHAITE *I used to save* shábhálainn shábháilteá shábháladh sé shábhálaimis shábháladh sibh shábhálaidís	FÁIS. *I shall save* sábhálfaidh mé sábhálfaidh tú sábhálfaidh sé sábhálfaimid sábhálfaidh sibh sábhálfaidh siad
Sb. sábháiltear *somebody saves*	**Sb.** sábháladh *somebody saved*	**Sb.** shábháiltí *sby. used to save*	**Sb.** sábhálfar *somebody will save*
Diúltach ní shábhálann sé *he does not save*	**Diúltach** níor shábháil sé *he did not save*	**Diúltach** ní shábháladh sé *he used not save*	**Diúltach** ní shábhálfaidh sé *he will not save*
Ceisteach an sábhálann sé? *does he save?*	**Ceisteach** ar shábháil sé? *did he save?*	**Ceisteach** an sábháladh sé? *used he save?*	**Ceisteach** an sábhálfaidh sé? *will he save?*
M. COINN. *I would save* shábhálfainn shábhálfá shábhálfadh sé shábhálfaimis shábhálfadh sibh shábhálfaidís	M. FOSH. LÁITH. *that I may save* go sábhála mé go sábhála tú go sábhála sé go sábhálaimid go sábhála sibh go sábhála siad	M. ORD. *save* sábhálaim sábháil sábháladh sé sábhálaimis sábhálaigí sábhálaidís	AINM BRIATH. sábháil *saving* AIDIACHT BHRIATH. sábháilte *saved*
Sb. shábhálfaí *sby. would save*	**Sb.** go sábháiltear *may sby. save*	**Sb.** sábháiltear *let somebody save*	
Diúltach ní shábhálfadh sé *he would not save*	**Diúltach** nár shábhála sé *may he not save*	**Diúltach** ná sábháil *do not save*	
Ceisteach an sábhálfadh sé? *would he save?*			

Verbs similar to **SÁBHÁIL.**

Bácáil	*bake*	bácálaim	Spáráil	*spare, save*	spárálaim
Cniotáil	*knit*	cniotálaim	Robáil	*rob*	robálaim
Marcáil	*mark*	marcálaim	Tairneáil	*nail*	tairneálaim
Sóinseáil	*change money*	sóinseálaim	Vótáil	*vote*	vótálaim

TAISPEÁIN *show* **Taispéánaim** *I show* Short verb

LÁITH. *I show* taispeánaim taispeánann tú taispeánann sé taispeánaimid taispeánann sibh taispeánann siad **Sb.** taispeántar *somebody shows* **Diúltach** ní thaispeánann sé *he does not show* **Ceisteach** an dtaispeánann sé? *does he show?*	**CAITE** *I showed* thaispeáin mé thaispeáin tú thaispeáin sé thaispeánamar thaispeáin sibh thaispeáin siad **Sb.** taispeánadh *somebody showed* **Diúltach** níor thaispeáin sé *he did not show* **Ceisteach** ar thaispeáin sé? *did he show?*	**GH. CHAITE** *I used to show* thaispeánainn thaispeántá thaispeánadh sé thaispeánaimis thaispeánadh sibh thaispeánaidís **Sb.** thaispeántaí *sby. used to show* **Diúltach** ní thaispeánadh sé *he used not show* **Ceisteach** an dtaispeánadh sé? *used he show?*	**FÁIS.** *I shall show* taispeánfaidh mé taispeánfaidh tú taispeánfaidh sé taispeánfaimid taispeánfaidh sibh taispeánfaidh siad **Sb.** taispeánfar *somebody will show* **Diúltach** ní thaispeánfaidh sé *he will not show* **Ceisteach** an dtaispeánfaidh sé? *will he show?*
M. COINN. *I would show* thaispeánfainn thaispeánfá thaispeánfadh sé thaispeánfaimis thaispeánfadh sibh thaispeánfaidís **Sb.** thaispeánfaí *sby. would show* **Diúltach** ní thaispeánfadh sé *he would not show* **Ceisteach** an dtaispeánfadh sé? *would he show?*	**M. FOSH. LÁITH.** *that I may show* go dtaispeána mé go dtaispeána tú go dtaispeána sé go dtaispeánaimid go dtaispeána sibh go dtaispeána siad **Sb.** go dtaispeántar *may somebody show* **Diúltach** nár thaispeána sé *may he not show*	**M. ORD.** *show* taispeánaim taispeáin taispeánadh sé taispeánaimis taispeánaigí taispeánaidís **Sb.** taispeántar *let somebody show* **Diúltach** ná taispeáin *do not show*	**AINM BRIATH.** taispeáint *showing* **AIDIACHT BHRIATH.** taispeánta *shown*

Verbs similar to **TAISPEÁIN**

Adhlaic	*bury*	adhlacaim	Tionóil	*assemble*	tionólaim
Ceiliúir	*celebrate*	ceiliúraim	Tíolaic	*present*	tíolacaim
Gearáin	*complain*	gearánaim	Tionlaic	*accompany*	tionlacaim

Verbs similar to **TAISPEÁIN** *but remaining slender throughout.*

Coisric	*consecrate*	coisricim	Tiomáin	*drive*	tiomáinim

AN DARA REIMNIU 2nd. Conjugation

BEANNAIGH *bless, salute* **Beannaím** *I bless.*

LÁITH.	CAITE	GH. CHAITE	FÁIS.
I bless	*I blessed*	*I used to bless*	*I shall bless*
beannaím	bheannaigh mé	bheannaínn	beannóidh mé
beannaíonn tú	bheannaigh tú	bheannaíteá	beannóidh tú
beannaíonn sé	bheannaigh sé	bheannaíodh sé	beannóidh sé
beannaímid	bheannaíomar	bheannaímis	beannóimid
beannaíonn sibh	bheannaigh sibh	bheannaíodh sibh	beannóidh sibh
beannaíonn siad	bheannaigh siad	bheannaídís	beannóidh siad
Sb.	**Sb.**	**Sb.**	**Sb.**
beannaítear	beannaíodh	bheannaítí	beannófar
somebody blesses	*somebody blessed*	*sby. used to bless*	*somebody will bless*
Diúltach	**Diúltach**	**Diúltach**	**Diúltach**
ní bheannaíonn sé	níor bheannaigh sé	ní bheannaíodh sé	ní bheannóidh sé
he does not bless	*he did not bless*	*he used not bless*	*he will not bless*
Ceisteach	**Ceisteach**	**Ceisteach**	**Ceisteach**
an mbeannaíonn sé?	ar bheannaigh sé?	an mbeannaíodh sé?	an mbeannóidh sé?
does he bless?	*did he bless?*	*used he bless?*	*will he bless?*

M. COINN.	M. FOSH. LÁITH.	M. ORD.	AINM BRIATH.
I would bless	*that I may bless*	*bless*	beannú
bheannóinn	go mbeannaí mé	beannaím	*blessing*
bheannófá	go mbeannaí tú	beannaigh	
bheannódh sé	go mbeannaí sé	beannaíodh sé	**AIDIACHT BHRIATH.**
bheannóimis	go mbeannaímid	beannaímis	beannaithe
bheannódh sibh	go mbeannaí sibh	beannaígí	*blessed*
bheannóidís	go mbeannaí siad	beannaídís	
Sb.	**Sb.**	**Sb.**	
bheannófaí	go mbeannaítear	beannaítear	
sby. would bless	*may sby. bless*	*let somebody bless*	
Diúltach	**Diúltach**	**Diúltach**	
ní bheannódh sé	nár bheannaí sé	ná beannaigh	
he would not bless	*may he not bless*	*do not bless*	
Ceisteach			
an mbeannódh sé? *would he bless?*			

Verbs similar to **BEANNAIGH.**

Brostaigh	*hurry*	brostaím	Gortaigh	*hurt*	gortaím
Bunaigh	*found*	bunaím	Méadaigh	*increase*	méadaím
Cabhraigh	*help*	cabhraím	Neartaigh	*strengthen*	neartaím
Ceannaigh	*buy*	ceannaím	Socraigh	*settle*	socraím

ORDAIGH *order* **Ordaím** *I order.*

LÁITH.	CAITE	GH. CHAITE	FÁIS.
I order	*I ordered*	*I used to order*	*I shall order*
ordaím	d'ordaigh mé	d'ordaínn	ordóidh mé
ordaíonn tú	d'ordaigh tú	d'ordaíteá	ordóidh tú
ordaíonn sé	d'ordaigh sé	d'ordaíodh sé	ordóidh sé
ordaímid	d'ordaíomar	d'ordaímis	ordóimid
ordaíonn sibh	d'ordaigh sibh	d'ordaíodh sibh	ordóidh sibh
ordaíonn siad	d'ordaigh siad	d'ordaídís	ordóidh siad
Sb.	**Sb.**	**Sb.**	**Sb.**
ordaítear	ordaíodh	d'ordaítí	ordófar
somebody orders	*somebody ordered*	*sby. used to order*	*somebody will order*
Diúltach	**Diúltach**	**Diúltach**	**Diúltach**
ní ordaíonn sé	níor ordaigh sé	ní ordaíodh sé	ní ordóidh sé
he does not order	*he did not order*	*he used not order*	*he will not order*
Ceisteach	**Ceisteach**	**Ceisteach**	**Ceisteach**
an ordaíonn sé?	ar ordaigh sé?	an ordaíodh sé?	an ordóidh sé?
does he order?	*did he order?*	*used he order?*	*will he order?*

M. COINN.	M. FOSH. LÁITH.	M. ORD.	AINM BRIATH.
I would order	*that I may order*	*order*	ordú
d'ordóinn	go n-ordaí mé	ordaím	*ordering*
d'ordófá	go n-ordaí tú	ordaigh	
d'ordódh sé	go n-ordaí sé	ordaíodh sé	**AIDIACHT BHRIATH.**
d'ordóimis	go n-ordaímid	ordaímis	ordaithe
d'ordódh sibh	go n-ordaí sibh	ordaígí	*ordered*
d'ordóidís	go n-ordaí siad	ordaídís	
Sb.	**Sb.**	**Sb.**	
d'ordófaí	go n-ordaítear	ordaítear	
sby. would order	*may sby. order*	*let somebody order*	
Diúltach	**Diúltach**	**Diúltach**	
ní ordódh sé	nár ordaí sé	ná hordaigh	
he would not order	*may he not order*	*do not order*	
Ceisteach			
an ordódh sé? *would he order?*			

Verbs similar to **ORDAIGH.**

Admhaigh	*admit*	admhaím	Iompaigh	*turn*	iompaím
Aontaigh	*agree*	aontaím	Ionsaigh	*attack*	ionsaím
Ardaigh	*raise*	ardaím	Ullmhaigh	*prepare*	ullmhaím
Éalaigh	*escape*	éalaím			

BAILIGH *gather* Bailím *I gather.*

LÁITH.	CAITE	GH. CHAITE	FÁIS.
I gather	*I gathered*	*I used to gather*	*I shall gather*
bailím	bhailigh mé	bhailínn	baileoidh mé
bailíonn tú	bhailigh tú	bhailíteá	baileoidh tú
bailíonn sé	bhailigh sé	bhailíodh sé	baileoidh sé
bailímid	bhailíomar	bhailímis	baileoimid
bailíonn sibh	bhailigh sibh	bhailíodh sibh	baileoidh sibh
bailíonn siad	bhailigh siad	bhailídís	baileoidh siad
Sb.	**Sb.**	**Sb.**	**Sb.**
bailítear	bailíodh	bhailítí	baileofar
somebody gathers	*somebody gathered*	*sby. used to gather*	*somebody will gather*
Diúltach	**Diúltach**	**Diúltach**	**Diúltach**
ní bhailíonn sé	níor bhailigh sé	ní bhailíodh sé	ní bhaileoidh sé
he does not gather	*he did not gather*	*he used not gather*	*he will not gather*
Ceisteach	**Ceisteach**	**Ceisteach**	**Ceisteach**
an mbailíonn sé?	ar bhailigh sé?	an mbailíodh sé?	an mbaileoidh sé?
does he gather?	*did he gather?*	*used he gather?*	*will he gather?*

M. COINN.	M. FOSH. LÁITH.	M. ORD.	AINM BRIATH.
I would gather	*that I may gather*	*gather*	bailiú
bhaileoinn	go mbailí mé	bailím	*gathering*
bhaileofá	go mbailí tú	bailigh	
bhaileodh sé	go mbailí sé	bailíodh sé	**AIDIACHT BHRIATH.**
bhaileoimis	go mbailímid	bailímis	bailithe
bhaileodh sibh	go mbailí sibh	bailígí	*gathered*
bhaileoidís	go mbailí siad	bailídís	
Sb.	**Sb.**	**Sb.**	
bhaileofaí	go mbailítear	bailítear	
sby. would gather	*may sby. gather*	*let somebody gather*	
Diúltach	**Diúltach**	**Diúltach**	
ní bhaileodh sé	nár bhailí sé	ná bailigh	
he would not gather	*may he not gather*	*do not gather*	
Ceisteach			
an mbaileodh sé? *would he gather?*			

Verbs similar to **BAILIGH**.

Ceistigh	*question*	ceistím	Éirigh	*rise*	éirím
Cuidigh	*help*	cuidím	Maisigh	*decorate*	maisím
Deisigh	*fix*	deisím	Mínigh	*explain*	míním
Dúisigh	*awake*	dúisím	Réitigh	*settle, solve*	réitím

AISTRIGH *change, translate* **Aistrím** *I change.*

LÁITH. *I change* aistrím aistríonn tú aistríonn sé aistrímid aistríonn sibh aistríonn siad **Sb.** aistrítear *somebody changes* **Diúltach** ní aistríonn sé *he does not change* **Ceisteach** an aistríonn sé? *does he change?*	**CAITE** *I changed* d'aistrigh mé d'aistrigh tú d'aistrigh sé d'aistríomar d'aistrigh sibh d'aistrigh siad **Sb.** aistríodh *somebody changed* **Diúltach** níor aistrigh sé *he did not change* **Ceisteach** ar aistrigh sé? *did he change?*	**GH. CHAITE** *I used to change* d'aistrínn d'aistríteá d'aistríodh sé d'aistrímis d'aistríodh sibh d'aistrídís **Sb.** d'aistrítí *sby. used to change* **Diúltach** ní aistríodh sé *he used not change* **Ceisteach** an aistríodh sé? *used he change?*	**FÁIS.** *I shall change* aistreoidh mé aistreoidh tú aistreoidh sé aistreoimid aistreoidh sibh aistreoidh siad **Sb.** aistreofar *somebody will change* **Diúltach** ní aistreoidh sé *he will not change* **Ceisteach** an aistreoidh sé? *will he change?*
M. COINN. *I would change* d'aistreoinn d'aistreofá d'aistreodh sé d'aistreoimis d'aistreodh sibh d'aistreoidís **Sb.** d'aistreofaí *sby. would change* **Diúltach** ní aistreodh sé *he would not change* **Ceisteach** an aistreodh sé? *would he change?*	**M. FOSH. LÁITH.** *that I may change* go n-aistrí mé go n-aistrí tú go n-aistrí sé go n-aistrímid go n-aistrí sibh go n-aistrí siad **Sb.** go n-aistrítear *may sby. change* **Diúltach** nár aistrí sé *may he not change*	**M. ORD.** *change* aistrím aistrigh aistríodh sé aistrímis aistrígí aistrídís **Sb.** aistrítear *let somebody change* **Diúltach** ná haistrigh *do not change*	**AINM BRIATH.** aistriú *changing* **AIDIACHT BHRIATH.** aistrithe *changed*

Verbs similar to **AISTRIGH.**

Aimsigh	*hit, aim*	aimsím	Éirigh	*rise*	éirím
Aiséirigh	*rise again*	aiséirím	Imigh	*go*	imím
Ainmnigh	*name*	ainmním	Impigh	*beg, implore*	impím

CEANGAIL *tie, bind* **Ceanglaím** *I tie.*

LÁITH. *I tie* ceanglaím ceanglaíonn tú ceanglaíonn sé ceanglaímid ceanglaíonn sibh ceanglaíonn siad	**CAITE** *I tied* cheangail mé cheangail tú cheangail sé cheanglaíomar cheangail sibh cheangail siad	**GH. CHAITE** *I used to tie* cheanglaínn cheanglaíteá cheanglaíodh sé cheanglaímis cheanglaíodh sibh cheanglaídís	**FÁIS.** *I shall tie* ceanglóidh mé ceanglóidh tú ceanglóidh sé ceanglóimid ceanglóidh sibh ceanglóidh siad
Sb. ceanglaítear *somebody ties*	**Sb.** ceanglaíodh *somebody tied*	**Sb.** cheanglaítí *sby. used to tie*	**Sb.** ceanglófar *somebody will tie*
Diúltach ní cheanglaíonn sé *he does not tie*	**Diúltach** níor cheangail sé *he did not tie*	**Diúltach** ní cheanglaíodh sé *he used not tie*	**Diúltach** ní cheanglóidh sé *he will not tie*
Ceisteach an gceanglaíonn sé? *does he tie?*	**Ceisteach** ar cheangail sé? *did he tie?*	**Ceisteach** an gceanglaíodh sé? *used he tie?*	**Ceisteach** an gceanglóidh sé? *will he tie?*
M. COINN. *I would tie* cheanglóinn cheanglófá cheanglódh sé cheanglóimis cheanglódh sibh cheanglóidís	**M. FOSH. LÁITH.** *that I may tie* go gceanglaí mé go gceanglaí tú go gceanglaí sé go gceanglaímid go gceanglaí sibh go gceanglaí siad	**M. ORD.** *tie* ceanglaím ceangail ceanglaíodh sé ceanglaímis ceanglaígí ceanglaídís	**AINM BRIATH.** ceangal *tying* **AIDIACHT BHRIATH.** ceangailte *tied*
Sb. cheanglófaí *sby. would tie*	**Sb.** go gceanglaítear *may sby. tie*	**Sb.** ceanglaítear *let somebody tie*	
Diúltach ní cheanglódh sé *he would not tie*	**Diúltach** nár cheanglaí sé *may he not tie*	**Diúltach** ná ceangail *do not tie*	
Ceisteach an gceanglódh sé? *would he tie?*			

Verbs similar to **CEANGAIL.**

Eitil	*fly*	eitlím	Múscail	*awake*	músclaím
Codail	*sleep*	codlaím	Oscail	*open*	osclaím
Cuimil	*rub*	cuimlím	Tochail	*dig*	tochlaím

BAGAIR *threaten* **Bagraím** *I threaten.*

LÁITH.	CAITE	GH. CHAITE	FÁIS.
I threaten bagraím bagraíonn tú bagraíonn sé bagraímid bagraíonn sibh bagraíonn siad	*I threatened* bhagair mé bhagair tú bhagair sé bhagraíomar bhagair sibh bhagair siad	*I used to threaten* bhagraínn bhagraíteá bhagraíodh sé bhagraímis bhagraíodh sibh bhagraídís	*I shall threaten* bagróidh mé bagróidh tú bagróidh sé bagróimid bagróidh sibh bagróidh siad
Sb. bagraítear *sby. threatens*	**Sb.** bagraíodh *sby. threatened*	**Sb.** bhagraítí *sby. used to threaten*	**Sb.** bagrófar *sby. will threaten*
Diúltach ní bhagraíonn sé *he does not threaten*	**Diúltach** níor bhagair sé *he did not threaten*	**Diúltach** ní bhagraíodh sé *he used not threaten*	**Diúltach** ní bhagróidh sé *he will not threaten*
Ceisteach an mbagraíonn sé? *does he threaten?*	**Ceisteach** ar bhagair sé? *did he threaten?*	**Ceisteach** an mbagraíodh sé? *used he threaten?*	**Ceisteach** an mbagróidh sé? *will he threaten?*
M. COINN.	M. FOSH. LÁITH.	M. ORD.	AINM BRIATH.
I would threaten bhagróinn bhagrófá bhagródh sé bhagróimis bhagródh sibh bhagróidís	*that I may threaten* go mbagraí mé go mbagraí tú go mbagraí sé go mbagraímid go mbagraí sibh go mbagraí siad	*threaten* bagraím bagair bagraíodh sé bagraímis bagraígí bagraídís	bagairt *threatening* **AINM BHRIATH.** bagartha *threatened*
Sb. bhagrófaí *sby. would threaten*	**Sb.** go mbagraítear *may sby. threaten*	**Sb.** bagraítear *let somebody threaten*	
Diúltach ní bhagródh sé *he would not threaten*	**Diúltach** nár bhagraí sé *may he not threaten*	**Diúltach** ná bagair *do not threaten*	
Ceisteach an mbagródh sé? *would he threaten?*			

Verbs similar to **BAGAIR.**

Agair	*avenge*	agraím	Iompair	*carry*	iompraím
Freagair	*answer*	freagraím	Íobair	*sacrifice*	íobraím
Fógair	*announce*	fógraím	Labhair	*speak*	labhraím
Imir	*play*	imrím			

INIS *tell* **Insím** *I tell*

LÁITH.	CAITE	GH. CHAITE	FÁIS.
I tell	*I told*	*I used to tell*	*I shall tell*
insím	d'inis mé	d'insínn	inseoidh mé
insíonn tú	d'inis tú	d'insíteá	inseoidh tú
insíonn sé	d'inis sé	d'insíodh sé	inseoidh sé
insímid	d'insíomar	d'insímis	inseoimid
insíonn sibh	d'inis sibh	d'insíodh sibh	inseoidh sibh
insíonn siad	d'inis siad	d'insídís	inseoidh siad
Sb.	**Sb.**	**Sb.**	**Sb.**
insítear	insíodh	d'insítí	inseofar
somebody tells	*somebody told*	*sby. used to tell*	*somebody will tell*
Diúltach	**Diúltach**	**Diúltach**	**Diúltach**
ní insíonn sé	níor inis sé	ní insíodh sé	ní inseoidh sé
he does not tell	*he did not tell*	*he used not tell*	*he will not tell*
Ceisteach	**Ceisteach**	**Ceisteach**	**Ceisteach**
an insíonn sé?	ar inis sé?	an insíodh sé?	an inseoidh sé?
does he tell?	*did he tell?*	*used he tell?*	*will he tell?*

M. COINN.	M. FOSH. LÁITH.	M. ORD.	AINM BRIATH.
I would tell	*that I may tell*	*tell*	insint
d'inseoinn	go n-insí mé	insím	*telling*
d'inseofá	go n-insí tú	inis	
d'inseodh sé	go n-insí sé	insíodh sé	**AIDIACHT BHRIATH.**
d'inseoimis	go n-insímid	insímis	inste
d'inseodh sibh	go n-insí sibh	insígí	*told*
d'inseoidís	go n-insí siad	insídís	
Sb.	**Sb.**	**Sb.**	
d'inseofaí	go n-insítear	insítear	
sby. would tell	*may sby. tell*	*let somebody tell*	
Diúltach	**Diúltach**	**Diúltach**	
ní inseodh sé	nár insí sé	ná hinis	
he would not tell	*may he not tell*	*do not tell*	
Ceisteach			
an inseodh sé? *would he tell?*			

Verb similar to **INIS** *but not abbreviated.*

Aithris *recite, imitate* aithrisím

COSAIN *defend, cost* **Cosnaím** *I defend.*

LÁITH.	CAITE	GH. CHAITE	FÁIS.
I defend cosnaím cosnaíonn tú cosnaíonn sé cosnaímid cosnaíonn sibh cosnaíonn siad	*I defended* chosain mé chosain tú chosain sé chosnaíomar chosain sibh chosain siad	*I used to defend* chosnaínn chosnaíteá chosnaíodh sé chosnaímis chosnaíodh sibh chosnaídís	*I shall defend* cosnóidh mé cosnóidh tú cosnóidh sé cosnóimid cosnóidh sibh cosnóidh siad
Sb. cosnaítear *somebody defends*	**Sb.** cosnaíodh *somebody defended*	**Sb.** chosnaítí *sby. used to defend*	**Sb.** cosnófar *somebody will defend*
Diúltach ní chosnaíonn sé *he does not defend*	**Diúltach** níor chosain sé *he did not defend*	**Diúltach** ní chosnaíodh sé *he used not defend*	**Diúltach** ní chosnóidh sé *he will not defend*
Ceisteach an gcosnaíonn sé? *does he defend?*	**Ceisteach** ar chosain sé? *did he defend?*	**Ceisteach** an gcosnaíodh sé? *used he defend?*	**Ceisteach** an gcosnóidh sé? *will he defend?*

M. COINN.	M. FOSH. LÁITH.	M. ORD.	AINM BRIATH.
I would defend chosnóinn chosnófá chosnódh sé chosnóimis chosnódh sibh chosnóidís	*that I may defend* go gcosnaí mé go gcosnaí tú go gcosnaí sé go gcosnaímid go gcosnaí sibh go gcosnaí siad	*defend* cosnaím cosain cosnaíodh sé cosnaímis cosnaígí cosnaídís	cosaint *defending* **AIDIACHT BHRIATH.** cosanta *defended*
Sb. chosnófaí *sby. would defend*	**Sb.** go gcosnaítear *may sby. defend*	**Sb.** cosnaítear *let somebody defend*	
Diúltach ní chosnódh sé *he would not defend*	**Diúltach** nár chosnaí sé *may he not defend*	**Diúltach** ná cosain *do not defend*	
Ceisteach an gcosnódh sé? *would he defend?*			

Verbs similar to **COSAIN.**

Aithin	*recognise*	aithním
Cogain	*chew*	cognaím
Tionscain	*institute*	tionscnaím

DÍBIR *banish, exile* **Díbrím** *I banish.*

LÁITH. *I banish* díbrím díbríonn tú díbríonn sé díbrímid díbríonn sibh díbríonn siad **Sb.** díbrítear *sby. banishes* **Diúltach** ní dhíbríonn sé *he does not banish* **Ceisteach** an ndíbríonn sé? *does he banish?*	**CAITE** *I banished* dhíbir mé dhíbir tú dhíbir sé dhíbríomar dhíbir sibh dhíbir siad **Sb.** díbríodh *sby. banished* **Diúltach** níor dhíbir sé *he did not banish* **Ceisteach** ar dhíbir sé? *did he banish?*	**GH. CHAITE** *I used to banish* dhíbrínn dhíbríteá dhíbríodh sé dhíbrímis dhíbríodh sibh dhíbrídís **Sb.** dhíbrítí *sby. used to banish* **Diúltach** ní dhíbríodh sé *he used not banish* **Ceisteach** an ndíbríodh sé? *used he banish?*	**FÁIS.** *I shall banish* díbreoidh mé díbreoidh tú díbreoidh sé díbreoimid díbreoidh sibh díbreoidh siad **Sb.** díbreofar *somebody will banish* **Diúltach** ní dhíbreoidh sé *he will not banish* **Ceisteach** an ndíbreoidh sé? *will he banish?*
M. COINN. *I would banish* dhíbreoinn dhíbreofá dhíbreodh sé dhíbreoimis dhíbreodh sibh dhíbreoidís **Sb.** dhíbreofaí *sby. would banish* **Diúltach** ní dhíbreodh sé *he would not banish* **Ceisteach** an ndíbreodh sé? *would he banish?*	**M. FOSH. LÁITH.** *that I may banish* go ndíbrí mé go ndíbrí tú go ndíbrí sé go ndíbrímid go ndíbrí sibh go ndíbrí siad **Sb.** go ndíbrítear *may sby. banish* **Diúltach** nár dhíbrí sé *may he not banish*	**M. ORD.** *banish* díbrím díbir díbríodh sé díbrímis díbrígí díbrídís **Sb.** díbrítear *let somebody banish* **Diúltach** ná díbir *do not banish*	**AINM BRIATH.** díbirt *banishing* **AIDIACHT BHRIATH.** díbeartha *banished*

Verbs similar to **DÍBIR** *but not abbreviated (syncopated).*

Foghlaim	*learn*	foghlaimím	Tuirling	*descend, alight*	tuirlingím
Fulaing	*suffer*	fulaingím	Taistil	*travel*	taistealaím
Tarraing	*pull, draw*	tarraingím	Freastail	*attend, wait on*	freastalaím

BRIATHRA NEAMHRIALTA *Irregular Verbs*

TAR *come* **Tagaim** *I come.*

LÁITH. *I come* tagaim tagann tú tagann sé tagaimid tagann sibh tagann siad **Sb.** tagtar *somebody comes* **Diúltach** ní thagann sé *he does not come* **Ceisteach** an dtagann sé? *does he come?*	**CAITE** *I came* tháinig mé tháinig tú tháinig sé thángamar tháinig sibh tháinig siad **Sb.** thángthas *somebody came* **Diúltach** níor tháinig sé *he did not come* **Ceisteach** ar tháinig sé? *did he come?*	**GH. CHAITE** *I used to come* thagainn thagtá thagadh sé thagaimis thagadh sibh thagaidís **Sb.** thagtaí *sby. used to come* **Diúltach** ní thagadh sé *he used not come* **Ceisteach** an dtagadh sé? *used he come?*	**FÁIS.** *I shall come* tiocfaidh mé tiocfaidh tú tiocfaidh sé tiocfaimid tiocfaidh sibh tiocfaidh siad **Sb.** tiocfar *somebody will come* **Diúltach** ní thiocfaidh sé *he will not come* **Ceisteach** an dtiocfaidh sé? *will he come?*
M. COINN. *I would come* thiocfainn thiocfá thiocfadh sé thiocfaimis thiocfadh sibh thiocfaidís **Sb.** thiocfaí *sby. would come* **Diúltach** ní thiocfadh sé *he would not come* **Ceisteach** an dtiocfadh sé? *would he come?*	**M. FOSH. LÁITH.** *that I may come* go dtaga mé go dtaga tú go dtaga sé go dtagaimid go dtaga sibh go dtaga siad **Sb.** go dtagtar *may sby. come* **Diúltach** nár thaga sé *may he not come*	**M. ORD.** *come* tagaim tar tagadh sé tagaimis tagaigí tagaidís **Sb.** tagtar *let somebody come* **Diúltach** ná tar *do not come*	**AINM BRIATH.** teacht *coming* **AIDIACHT BHRIATH.** tagtha *come*

CLOIS *hear* **Cloisim** *I hear.*

LÁITH.	**CAITE**	**GH. CHAITE**	**FÁIS.**
I hear	*I heard*	*I used to hear*	*I shall hear*
cloisim	chuala mé	chloisinn	cloisfidh mé
cloiseann tú	chuala tú	chloisteá	cloisfidh tú
cloiseann sé	chuala sé	chloiseadh sé	cloisfidh sé
cloisimid	chualamar	chloisimis	cloisfimid
cloiseann sibh	chuala sibh	chloiseadh sibh	cloisfidh sibh
cloiseann siad	chuala siad	chloisidís	cloisfidh siad
Sb.	**Sb.**	**Sb.**	**Sb.**
cloistear	chualathas	chloistí	cloisfear
somebody hears	*somebody heard*	*sby. used to hear*	*somebody will hear*
Diúltach	**Diúltach**	**Diúltach**	**Diúltach**
ní chloiseann sé	níor chuala sé	ní chloiseadh sé	ní chloisfidh sé
he does not hear	*he did not hear*	*he used not hear*	*he will not hear*
Ceisteach	**Ceisteach**	**Ceisteach**	**Ceisteach**
an gcloiseann sé?	ar chuala sé?	an gcloiseadh sé?	an gcloisfidh sé?
does he hear?	*did he hear?*	*used he hear?*	*will he hear?*

M. COINN	**M. FOSH. LÁITH.**	**M. ORD.**	**AINM BRIATH.**
I would hear	*that I may hear*	*hear*	cloisteáil
chloisfinn	go gcloise mé	cloisim	*hearing*
chloisfeá	go gcloise tú	—	
chloisfeadh sé	go gcloise sé	cloiseadh sé	**AIDIACHT BHRIATH.**
chloisfimis	go gcloisimid	cloisimis	cloiste
chloisfeadh sibh	go gcloise sibh	—	*heard*
chloisfidís	go gcloise siad	cloisidís	
Sb.	**Sb.**	**Sb.**	
chloisfí	go gcloistear	cloistear	
sby. would hear	*may sby. hear*	*let somebody hear*	
Diúltach	**Diúltach**	**Diúltach**	
ní chloisfeadh sé	nár chloise sé	ná cloisim	
he would not hear	*may he not hear*	*let me not hear*	
Ceisteach			
an gcloisfeadh sé? *would he hear?*			

NOTE In the M. ORD. *Imperative* we can use **Éist** and **Éistigí** *listen* for the 2nd. person sing. and plural of the verb 'Clois' or 'Cluin'.

CLUIN *hear* **Cluinim** *I hear.*

LÁITH.	CAITE	GH. CHAITE	FÁIS.
I hear	*I heard*	*I used to hear*	*I shall hear*
cluinim	chuala mé	chluininn	cluinfidh mé
cluineann tú	chuala tú	chluinteá	cluinfidh tú
cluineann sé	chuala sé	chuineadh sé	cluinfidh sé
cluinimid	chualamar	chluinimis	cluinfimid
cluineann sibh	chuala sibh	chluineadh sibh	cluinfidh sibh
cluineann siad	chuala siad	chluinidís	cluinfidh siad
Sb.	**Sb.**	**Sb.**	**Sb.**
cluintear	chualathas	chluintí	cluinfear
somebody hears	*somebody heard*	*sby. used to hear*	*somebody will hear*
Diúltach	**Diúltach**	**Diúltach**	**Diúltach**
ní chluineann sé	níor chuala sé	ní chluineadh sé	ní chluinfidh sé
he does not hear	*he did not hear*	*he used not hear*	*he will not hear*
Ceisteach	**Ceisteach**	**Ceisteach**	**Ceisteach**
an gcluineann sé?	ar chuala sé?	an gcluineadh sé?	an gcluinfidh sé?
does he hear?	*did he hear?*	*used he hear?*	*will he hear?*

M. COINN.	M. FOSH. LÁITH.	M. ORD.	AINM BRIATH.
I would hear	*that I may hear*	*hear*	cluinstin
chluinfinn	go gcluine mé	cluinim	*hearing*
chluinfeá	go gcluine tú	–	
chluinfeadh sé	go gcluine sé	cluineadh sé	**AIDIACHT BHRIATH.**
chluinfimis	go gcluinimid	cluinimis	cluinte
chluinfeadh sibh	go gcluine sibh	–	*heard*
chluinfidís	go gcluine siad	cluinidís	
Sb.	**Sb.**	**Sb.**	
chluinfí	go gcluintear	cluintear	
sby. would hear	*may sby. hear*	*let somebody hear*	
Diúltach	**Diúltach**	**Diúltach**	
ní chluinfeadh sé	nár chluine sé	ná cluinim	
he would not hear	*may he not hear*	*let me not hear*	
Ceisteach			
an gcluinfeadh sé? *would he hear?*			

FEIC *see* **Feicim** *I see.*

LÁITH.	CAITE	GH. CHAITE	FÁIS.
I see feicim feiceann tú feiceann sé feicimid feiceann sibh feiceann siad	*I saw* chonaic mé chonaic tú chonaic sé chonaiceamar chonaic sibh chonaic siad	*I used to see* d'fheicinn d'fheicteá d'fheiceadh sé d'fheicimis d'fheiceadh sibh d'fheicidís	*I shall see* feicfidh mé feicfidh tú feicfidh sé feicfimid feicfidh sibh feicfidh siad
Sb. feictear *somebody sees*	**Sb.** chonacthas *somebody saw*	**Sb.** d'fheictí *sby. used to see*	**Sb.** feicfear *somebody will see*
Diúltach ní fheiceann sé *he does not see*	**Diúltach** ní fhaca sé *he did not see*	**Diúltach** ní fheiceadh sé *he used not see*	**Diúltach** ní fheicfidh sé *he will not see*
Ceisteach an bhfeiceann sé? *does he see?*	**Ceisteach** an bhfaca sé? *did he see?*	**Ceisteach** an bhfeiceadh sé? *used he see?*	**Ceisteach** an bhfeicfidh sé? *will he see?*
M. COINN. *I would see* d'fheicfinn d'fheicfeá d'fheicfeadh sé d'fheicfimis d'fheicfeadh sibh d'fheicfidís	**M. FOSH. LÁITH.** *that I may see* go bhfeice mé go bhfeice tú go bhfeice sé go bhfeicimid go bhfeice sibh go bhfeice siad	**M. ORD.** *see* feicim feic feiceadh sé feicimis feicigí feicidís	**AINM BRIATH.** feiceáil *seeing* **AIDIACHT BHRIATH.** feicthe *seen*
Sb. d'fheicfí *sby. would see*	**Sb.** go bhfeictear *may sby. see*	**Sb.** feictear *let somebody see*	
Diúltach ní fheicfeadh sé *he would not see*	**Diúltach** nár fheice sé *may he not see*	**Diúltach** ná feic *do not see*	
Ceisteach an bhfeicfeadh sé? *would he see?*			

TÉIGH *go* **Téim** *I go.*

LÁITH.	CAITE	GH. CHAITE	FÁIS.
I go	*I went*	*I used to go*	*I shall go*
téim	chuaigh mé	théinn	rachaidh mé
téann tú	chuaigh tú	théiteá	rachaidh tú
téann sé	chuaigh sé	théadh sé	rachaidh sé
téimid	chuamar	théimis	rachaimid
téann sibh	chuaigh sibh	théadh sibh	rachaidh sibh
téann siad	chuaigh siad	théidís	rachaidh siad
Sb.	**Sb.**	**Sb.**	**Sb.**
téitear	chuathas	théití	rachfar
somebody goes	*somebody went*	*sby. used to go*	*somebody will go*
Diúltach	**Diúltach**	**Diúltach**	**Diúltach**
ní théann sé	ní dheachaigh sé	ní théadh sé	ní rachaidh sé
he does not go	*he did not go*	*he used not go*	*he will not go*
Ceisteach	**Ceisteach**	**Ceisteach**	**Ceisteach**
an dtéann sé?	an ndeachaigh sé?	an dtéadh sé?	an rachaidh sé?
does he go?	*did he go?*	*used he go?*	*will he go?*

M. COINN.	M. FOSH. LÁITH.	M. ORD.	AINM BRIATH.
	that I may go	*go*	dul
rachainn	go dté mé	téim	*going*
rachfá	go dté tú	téigh	
rachadh sé	go dté sé	téadh sé	AIDIACHT BHRIATH.
rachaimis	go dtéimid	téimis	dulta
rachadh sibh	go dté sibh	téigí	*gone*
rachaidís	go dté siad	téidís	
Sb.	**Sb.**	**Sb.**	
rachfaí	go dtéitear	téitear	
sby. would go	*may sby. go*	*let somebody go*	
Diúltach	**Diúltach**	**Diúltach**	
ní rachadh sé	nár thé sé	ná téigh	
he would not go	*may he not go*	*do not go*	
Ceisteach			
an rachadh sé? *would he go?*			

ABAIR *say* **Deirim** *I say.*

LÁITH. *I say* deirim deir tú deir sé deirimid deir sibh deir siad	**CAITE** *I said* dúirt mé dúirt tú dúirt sé dúramar dúirt sibh dúirt siad	**GH. CHAITE** *I used to say* deirinn deirteá deireadh sé deirimis deireadh sibh deiridís	**FÁIS.** *I shall say* déarfaidh mé déarfaidh tú déarfaidh sé déarfaimid déarfaidh sibh déarfaidh siad
Sb. deirtear *somebody says*	**Sb.** dúradh *somebody said*	**Sb.** deirtí *sby. used to say*	**Sb.** déarfar *somebody will say*
Diúltach ní deir sé *he does not say*	**Diúltach** ní dúirt sé *he did not say*	**Diúltach** ní deireadh sé *he used not say*	**Diúltach** ní déarfaidh sé *he will not say*
Ceisteach an ndeir sé? *does he say?*	**Ceisteach** an ndúirt sé? *did he say?*	**Ceisteach** an ndeireadh sé? *used he say?*	**Ceisteach** an ndéarfaidh sé? *will he say?*
M. COINN. *I would say* déarfainn déarfá déarfadh sé déarfaimis déarfadh sibh déarfaidís	**M. FOSH. LÁITH.** *that I may say* go ndeire mé go ndeire tú go ndeire sé go ndeirimid go ndeire sibh go ndeire siad	**M. ORD.** *say* abraim abair abradh sé abraimis abraigí abraidís	**AINM BRIATH.** rá *saying* **AIDIACHT BHRIATH.** ráite *said*
Sb. déarfaí *sby. would say*	**Sb.** go ndeirtear *may sby. say*	**Sb.** abairtear *let somebody say*	
Diúltach ní déarfadh sé *he would not say*	**Diúltach** nár dheire sé *may he not say*	**Diúltach** ná habair *do not say*	
Ceisteach an ndéarfadh sé? *would he say?*			

TABHAIR *give, bring* **Tugaim** *I give.*

LÁITH.	CAITE	GH. CHAITE	FÁIS.
I give	*I gave*	*I used to give*	*I shall give*
tugaim	thug mé	thugainn	tabharfaidh mé
tugann tú	thug tú	thugtá	tabharfaidh tú
tugann sé	thug sé	thugadh sé	tabharfaidh sé
tugaimid	thugamar	thugaimis	tabharfaimid
tugann sibh	thug sibh	thugadh sibh	tabharfaidh sibh
tugann siad	thug siad	thugaidís	tabharfaidh siad
Sb.	**Sb.**	**Sb.**	**Sb.**
tugtar	tugadh	thugtaí	tabharfar
somebody gives	*somebody gave*	*sby. used to give*	*somebody will give*
Diúltach	**Diúltach**	**Diúltach**	**Diúltach**
ní thugann sé	níor thug sé	ní thugadh sé	ní thabharfaidh sé
he does not give	*he did not give*	*he used not give*	*he will not give*
Ceisteach	**Ceisteach**	**Ceisteach**	**Ceisteach**
an dtugann sé?	ar thug sé?	an dtugadh sé?	an dtabharfaidh sé?
does he give?	*did he give?*	*used he give?*	*will he give?*

M. COINN.	M. FOSH. LÁITH.	M. ORD.	AINM BRIATH.
I would give	*that I may give*	*give*	tabhairt
thabharfainn	go dtuga mé	tugaim	*giving*
thabharfá	go dtuga tú	tabhair	
thabharfadh sé	go dtuga sé	tugadh sé	**AIDIACHT BHRIATH.**
thabharfaimis	go dtugaimid	tugaimis	tugtha
thabharfadh sibh	go dtuga sibh	tugaigí	*given*
thabharfaidís	go dtuga siad	tugaidís	
Sb.	**Sb.**	**Sb.**	
thabharfaí	go dtugtar	tugtar	
sby. would give	*may sby. give*	*let somebody give*	
Diúltach	**Diúltach**	**Diúltach**	
ní thabharfadh sé	nár thuga sé	ná tabhair	
he would not give	*may he not give*	*do not give*	
Ceisteach			
an dtabharfadh sé? *would he give?*			

ITH *eat* **Ithim** *I eat.*

LÁITH.	**CAITE**	**GH. CHAITE**	**FÁIS.**
I eat	*I ate*	*I used to eat*	*I shall eat*
ithim	d'ith mé	d'ithinn	íosfaidh mé
itheann tú	d'ith tú	d'iteá	íosfaidh tú
itheann sé	d'ith sé	d'itheadh sé	íosfaidh sé
ithimid	d'itheamar	d'ithimis	íosfaimid
itheann sibh	d'ith sibh	d'itheadh sibh	íosfaidh sibh
itheann siad	d'ith siad	d'ithidís	íosfaidh siad
Sb.	**Sb.**	**Sb.**	**Sb.**
itear	itheadh	d'ití	íosfar
somebody eats	*somebody ate*	*sby. used to eat*	*somebody will eat*
Diúltach	**Diúltach**	**Diúltach**	**Diúltach**
ní itheann sé	níor ith sé	ní itheadh sé	ní íosfaidh sé
he does not eat	*he did not eat*	*he used not eat*	*he will not eat*
Ceisteach	**Ceisteach**	**Ceisteach**	**Ceisteach**
an itheann sé?	ar ith sé?	an itheadh sé?	an íosfaidh sé?
does he eat?	*did he eat?*	*used he eat?*	*will he eat?*

M. COINN.	**M. FOSH. LÁITH.**	**M. ORD.**	**AINM BRIATH.**
I would eat	*that I may eat*	*eat*	ithe
d'íosfainn	go n-ithe mé	ithim	*eating*
d'íosfá	go n-ithe tú	ith	
d'íosfadh sé	go n-ithe sé	itheadh sé	**AIDIACHT BHRIATH.**
d'íosfaimis	go n-ithimid	ithimis	ite
d'íosfadh sibh	go n-ithe sibh	ithigí	*eaten*
d'íosfaidís	go n-ithe siad	ithidís	
Sb.	**Sb.**	**Sb.**	
d'íosfaí	go n-itear	itear	
sby. would eat	*may sby. eat*	*let somebody eat*	
Diúltach	**Diúltach**	**Diúltach**	
ní íosfadh sé	nár ithe sé	ná hith	
he would not eat	*may he not eat*	*do not eat*	
Ceisteach an íosfadh sé? *would he eat?*			

DÉAN *do, make* **Déanaim** *I do.*

LÁITH.	CAITE	GH. CHAITE	FÁIS.
I do	*I did*	*I used to do*	*I shall do*
déanaim	rinne mé	dhéanainn	déanfaidh mé
déanann tú	rinne tú	dhéantá	déanfaidh tú
déanann sé	rinne sé	dhéanadh sé	déanfaidh sé
déanaimid	rinneamar	dhéanaimis	déanfaimid
déanann sibh	rinne sibh	dhéanadh sibh	déanfaidh sibh
déanann siad	rinne siad	dhéanaidís	déanfaidh siad
Sb.	**Sb.**	**Sb.**	**Sb.**
déantar	rinneadh	dhéantaí	déanfar
somebody does	*somebody did*	*sby. used to do*	*somebody will do*
Diúltach	**Diúltach**	**Diúltach**	**Diúltach**
ní dhéanann sé	ní dhearna sé	ní dhéanadh sé	ní dhéanfaidh sé
he does not do	*he did not do*	*he used not do*	*he will not do*
Ceisteach	**Ceisteach**	**Ceisteach**	**Ceisteach**
an ndéanann sé?	an ndearna sé?	an ndéanadh sé?	an ndéanfaidh sé?
does he do?	*did he do?*	*used he do?*	*will he do?*

M. COINN.	M. FOSH. LÁITH.	M. ORD.	AINM BRIATH.
I would do	*that I may do*	*do*	déanamh
dhéanfainn	go ndéana mé	déanaim	*doing*
dhéanfá	go ndéana tú	déan	
dhéanfadh sé	go ndéana sé	déanadh sé	**AIDIACHT BHRIATH.**
dhéanfaimis	go ndéanaimid	déanaimis	déanta
dhéanfadh sibh	go ndéana sibh	déanaigí	*done*
dhéanfaidís	go ndéana siad	déanaidís	
Sb.	**Sb.**	**Sb.**	
dhéanfaí	go ndéantar	déantar	
somebody would do	*may somebody do*	*let somebody do*	
Diúltach	**Diúltach**	**Diúltach**	
ní dhéanfadh sé	nár dhéana sé	ná déan	
he would not do	*may he not do*	*do not do*	
Ceisteach			
an ndéanfadh sé? *would he do?*			

NOTE In the 'Caite' *I did*, one may use **Dhein mé** and **Níor dhein mé** srl. instead of **Rinne mé** and **Ní dhearna mé** srl.

FAIGH *get* **Faighim** *I get.*

LÁITH.	CAITE	GH. CHAITE	FÁIS.
I get	*I got*	*I used to get*	*I shall get*
faighim	fuair mé	d'fhaighinn	gheobhaidh mé
faigheann tú	fuair tú	d'fhaighteá	gheobhaidh tú
faigheann sé	fuair sé	d'fhaigheadh sé	gheobhaidh sé
faighimid	fuaireamar	d'fhaighimis	gheobhaimid
faigheann sibh	fuair sibh	d'fhaigheadh sibh	gheobhaidh sibh
faigheann siad	fuair siad	d'fhaighidís	gheobhaidh siad
Sb.	**Sb.**	**Sb.**	**Sb.**
faightear	fuarthas	d'fhaightí	gheofar
somebody gets	*somebody got*	*sby. used to get*	*somebody will get*
Diúltach	**Diúltach**	**Diúltach**	**Diúltach**
ní fhaigheann sé	ní bhfuair sé	ní fhaigheadh sé	ní bhfaighidh sé
he does not get	*he did not get*	*he used not get*	*he will not get*
Ceisteach	**Ceisteach**	**Ceisteach**	**Ceisteach**
an bhfaigheann sé?	an bhfuair sé?	an bhfaigheadh sé?	an bhfaighidh sé?
does he get?	*did he get?*	*used he get?*	*will he get?*

M. COINN.	M. FOSH. LÁITH.	M. ORD.	AINM BRIATH.
I would get	*that I may get*	*get*	fáil
gheobhainn	go bhfaighe mé	faighim	*getting*
gheofá	go bhfaighe tú	faigh	
gheobhadh sé	go bhfaighe sé	faigheadh sé	**AIDIACHT BHRIATH.**
gheobhaimis	go bhfaighimid	faighimis	faighte
gheobhadh sibh	go bhfaighe sibh	faighigí	*got*
gheobhaidís	go bhfaighe siad	faighidís	
Sb.	**Sb.**	**Sb.**	
gheofaí	go bhfaightear	faightear	
sby. would get	*may sby. get*	*let somebody get*	
Diúltach	**Diúltach**	**Diúltach**	
ní bhfaigheadh sé	nár fhaighe sé	ná faigh	
he would not get	*may he not get*	*do not get*	
Ceisteach			
an bhfaigheadh sé? *would he get?*			

BEIR *catch* **Beirim** *I catch.*

LÁITH.	CAITE	GH. CHAITE	FÁIS.
I catch	*I caught*	*I used to catch*	*I shall catch*
beirim	rug mé	bheirinn	béarfaidh mé
beireann tú	rug tú	bheirteá	béarfaidh tú
beireann sé	rug sé	bheireadh sé	béarfaidh sé
beirimid	rugamar	bheirimis	béarfaimid
beireann sibh	rug sibh	bheireadh sibh	béarfaidh sibh
beireann siad	rug siad	bheiridís	béarfaidh siad
Sb.	**Sb.**	**Sb.**	**Sb.**
beirtear	rugadh	bheirtí	béarfar
somebody catches	*somebody caught*	*sby. used to catch*	*somebody will catch*
Diúltach	**Diúltach**	**Diúltach**	**Diúltach**
ní bheireann sé	níor rug sé	ní bheireadh sé	ní bhéarfaidh sé
he does not catch	*he did not catch*	*he used not catch*	*he will not catch*
Ceisteach	**Ceisteach**	**Ceisteach**	**Ceisteach**
an mbeireann sé?	ar rug sé?	an mbeireadh sé?	an mbéarfaidh sé?
does he catch?	*did he catch?*	*used he catch?*	*will he catch?*

M. COINN.	M. FOSH. LÁITH.	M. ORD.	AINM BRIATH.
I would catch	*that I may catch*	*catch*	breith
bhéarfainn	go mbeire mé	beirim	*catching*
bhéarfá	go mbeire tú	beir	
bhéarfadh sé	go mbeire sé	beireadh sé	**AIDIACHT BHRIATH.**
bhéarfaimis	go mbeirimid	beirimis	beirthe
bhéarfadh sibh	go mbeire sibh	beirigí	*caught*
bhéarfaidís	go mbeire siad	beiridís	
Sb.	**Sb.**	**Sb.**	
bhéarfaí	go mbeirtear	beirtear	
sby. would catch	*may sby. catch*	*let somebody catch*	
Diúltach	**Diúltach**	**Diúltach**	
ní bhéarfadh sé	nár bheire sé	ná beir	
he would not catch	*may he not catch*	*do not catch*	
Ceisteach			
an mbéarfadh sé? *would he catch?*			

BÍ *be* **Táim** *I am.*

LÁITH. *I am*	**GH. LÁITH.** *I am*	**CAITE** *I was*	**GH. CHAITE** *I used to be*
táim (tá mé) tá tú tá sé táimid tá sibh tá siad	bím bíonn tú bíonn sé bímid bíonn sibh bíonn siad	bhí mé bhí tú bhí sé bhíomar bhí sibh bhí siad	bhínn bhíteá bhíodh sé bhímis bhíodh sibh bhídís
Sb. táthar *somebody is*	**Sb.** bítear *somebody is*	**Sb.** bhíothas *somebody was*	**Sb.** bhítí *sby. used to be*
Diúltach níl sé *he is not*	**Diúltach** ní bhíonn sé *he is not*	**Diúltach** ní raibh sé *he was not*	**Diúltach** ní bhíodh sé *he used not be*
Ceisteach an bhfuil sé? *is he?*	**Ceisteach** an mbíonn sé? *is he?*	**Ceisteach** an raibh sé? *was he?*	**Ceisteach** an mbíodh sé? *used he be?*
FÁIS. *I shall be*	**M. COINN.** *I would be*	**M. FOSH. LÁITH.** *that I may be*	**M. ORD.** *be*
beidh mé beidh tú beidh sé beimid beidh sibh beidh siad	bheinn VENG bheifeá FAH bheadh sé VYUK bheimis VEMISH bheadh sibh bheidís	go raibh mé go raibh tú go raibh sé go rabhaimid go raibh sibh go raibh siad	bím bí bíodh sé bímis bígí bídís
Sb. beifear *sby. will be*	**Sb.** bheifí *sby. would be*	**Sb.** go rabhthar *may sby. be*	**Sb.** bítear *let sby. be*
Diúltach ní bheidh sé *he will not be*	**Diúltach** ní bheadh sé *he would not be*	**Diúltach** ná raibh sé *may he not be*	**Diúltach** ná bí *do not be*
Ceisteach an mbeidh sé? *will he be?*	**Ceisteach** an mbeadh sé? *would he be?*		**AINM BRIATH.** bheith *to be*

NOTE GH. Láith. means *Habitual Present.*
e.g. Bíonn sé ag obair sa ghairdín **gach lá.**

BRIATHRA COMÓNTA NA TEANGA IN ORD AIBÍTRE

Common verbs in alphabetical order

The number after the verb indicates the page on which a similar verb is conjugated.

Imím, *I go,* 22
Impím, *I beg, implore,* 22
Imrím, *I play,* 24
Insím, *I tell,* 25
Íocaim, *I pay,* 6
Iompaím, *I turn,* 20
Iompraím, *I carry,* 24
Ionsaím, *I attack,* 20
Íslím, *I lower,* 22
Ithim, *I eat,* 35

L

Labhraím, *I speak,* 24
Laghdaím, *I diminish,* 19
Lasaim, *I light, burn,* 5
Leagaim, *I knock, put down,* 5
Leanaim, *I follow,* 5
Leathnaím, *I spread,* 19
Léim, *I read,* 15
Léimim, *I jump,* 10
Léirím, *I explain, produce,* 21
Ligim, *I let, allow,* 10
Líním, *I draw,* 21
Líonaim, *I fill,* 5
Litrím, *I spell,* 21
Liúim, *I shout, yell,* 13
Loitim, *I spoil,* 10
Luaim, *I mention,* 14
Luascaim, *I rock, swing,* 5
Lúbaim, *I bend, twist,* 5
Luím, *I lie down, set to,* 16

M

Machnaím, *I think, reflect,* 19
Máirsealaim, *I march,* 17
Maisím, *I decorate,* 21
Maraím, *I kill,* 19
Marcálaim, *I mark,* 17
Méadaím, *I increase,* 19
Meallaim, *I entice, coax,* 5
Measaim, *I think, estimate,* 5
Meascaim, *I mix,* 5
Millim, *I spoil,* 10
Míním, *I explain,* 21
Molaim, *I praise,* 5
Múchaim, *I quench,* 5
Múinim, *I teach,* 10
Musclaím, *I wake, awake,* 23

N

Ním, *I wash,* ~~17~~ 16
Nochtaim, *I disclose,* 5

O

Ofrálaim, *I offer,* 17
Ólaim, *I drink,* 16
Osclaím, *I open,* 23

P

Pacálaim, *I pack,* 17
Piocaim, *I pick,* 5
Pléim, *I plead, dispute,* 15
Pógaim, *I kiss,* 5
Pósaim, *I marry,* 5
Preabaim, *I jump up,* 5
Priocaim, *I prod,* 5

R

Réabaim, *I tear apart,* 5
Réitím, *I solve,* 21
Rialaím, *I rule,* 19
Rithim, *I run,* 10
Róbálaim, *I rob,* 17
Roinnim, *I divide,* 10

S

Sábhálaim, *I save,* 17
Samhlaím, *I imagine,* 19
Santaím, *I covet,* 19
Sáraím, *I surpass,* 19
Satlaím, *I tread on,* 23
Scaipim, *I scatter,* 10
Scaoilim, *I let go,* 10
Scoiltim, *I split,* 10
Scréachaim, *I screech,* 8
Screadaim, *I scream,* 8
Scríobhaim, *I write,* 8
Scriosaim, *I destroy,* 8
Scrúdaím, *I examine,* 19

Scuabaim, *I sweep,* 8
Seasaim, *I stand,* 5
Sílim, *I think,* 10
Síním, *I sign,* 21
Siúlaim, *I walk,* 9
Sleamhnaím, *I slip,* 19
Smaoiním, *I think,* 21
Socraím, *I settle,* 19
Spreagaim, *I urge,* 8
Sracaim, *I tear,* 5
Sroichim, *I reach,* 10
Stadaim, *I stop,* 8
Stoithim, *I pull, pluck,* 10
Suím, *I sit,* 16

T

Táim, *I am,* 39
Tairneálaim, *I nail,* 17
Taispeánaim, *I show,* 18
Taistealaím, *I travel,* 27
Tarlaím, *I happen,* 19
Tarraingím, *I draw, pull,* 27
Téim, *I go,* 32
Teithim, *I flee,* 10
Teipim, *I fail,* 10
Tiomáinim, *I drive,* 18
Tionólaim, *I assemble,* 18
Tochlaím, *I dig up,* 23
Tógaim, *I take,* 5
Toghaim, *I choose,* 5
Tosaím, *I begin,* 19
Treabhaim, *I plough,* 5
Triomaím, *I dry,* 19
Troidim, *I fight,* 10
Tugaim, *I give,* 34
Tuirlingím, *I come down, alight,* 27
Tumaim, *I dip,* 5

U

Ullmhaím, *I prepare,* ~~19~~20
Úsáidim, *I use,* 10

V

Vótálaim, *I vote,* 17

ENGLISH VERBS WITH THEIR IRISH EQUIVALENTS

A

Abandon, *fágaim,* 5
Accept, *glacaim,* 5
Accomplish, *comhlíonaim,* 5
Accumulate, *bailím,* 21
Acknowledge, *admhaím,* 19
Advertise, *fógraím,* 24
Advise, *comhairlím,* 21
Agree, *Aontaím,* 20
Alight, *tuirlingím,* 27
Aim, *aimsím,* 22
Animate, *beoim,* 11
Announce, *fógraím,* 24
Answer, *freagraím,* 24
Arrange, *socraím,* 19
Ask, *fiafraím, iarraim,* 19, 5
Assemble, *cruinním, bailím,* 21
Assent, *aontaím,* 20
Assist, *cabhraím le,* 19
Attack, *ionsaím,* 20
Attend, *freastalaím,* 27
Awake, *dúisím,* 21

B

Banish, *díbrím,* 27
Bawl, *béicim,* 10
Beat, *buailim,* 10
Beg, *iarraim,* 5

R

Raise, *ardaím*, 20
Ravage, *scriosaim*, 8
Reach, *sroichim*, 10
Read, *léim*, ~~10~~ 15
Reap, *bainim*, 10
Receive, *faighim*, 37
Recite, *aithrisím*, 25
Recognise, *aithním*, 26
Recollect, *cuimhním*, 21
Redeem, *fuasclaím*, 23
Refuse, *diúltaím*, 19
Release, *scaoilim*, 10
Remain, *fanaim*, 5
Remember, *cuimhním ar*, 21
Repair, *deisím*, 21
Reply, *freagraím*, 24
Rescue, *sábhálaim*, 17
Return, *fillim*, 10
Reveal, *nochtaim*, 5
Ring, *buailim*, 10
Rock, *luascaim*, 5
Rouse, *dúisím*, 21
Rub, *cuimlím*, 23
Rule, *rialaím*, 19
Run, *rithim*, 10

S

Salute, *beannaím*, 19
Scatter, *scaipim*, 8
Scourge, *sciúrsálaim*, 17
Scream, *screadaim*, 8
See, *feicim*, 31
Seek, *cuardaím*, 19
Select, *toghaim*, 5
Send, *cuirim*, 10
Separate, *scaraim*, 19
Serve, *freastalaím*, 27
Settle, *socraím*, 19
Show, *taispeánaim*, 18
Slaughter, *maraím*, 19
Slip, *sleamhnaím*, 19
Smoke, *caithim*, 10
Snatch, *sciobaim*, 8
Speak, *labhraím*, 24
Spend, *caithim*, 10
Spill, *doirtim*, 10
Split, *scoiltim*, 10
Spoil, *loitim*, 10
Stand, *seasaim*, 5
Stay, *fanaim*, 7
Steal, *goidim*, 10
Stoop, *cromaim*, 5
Stop, *stadaim*, *stopaim*, 8
Straighten, *dírím*, 21
Strengthen, *neartaím*, 19
Strike, *buailim*, 10
Subtract, *dealaím*, 19
Suffer, *fulaingím*, 27
Sweep, *scuabaim*, 8
Swing, *luascaim*, 5

T

Take, *tógaim*, 5
Talk, *labhraím*, 24
Taste, *blaisim*, 10
Teach, *múinim*, 10
Tear, *sracaim*, 8
Tell, *insím*, 25
Terrify, *scanraím*, 19
Threaten, *bagraím*, 24
Throw, *caithim*, 10
Tie, *ceanglaím*, 23
Train, *tréanálaim*, 17
Travel, *taistealaím*, 27
Tread, *siúlaim*, 9
Turn, *casaim*, 5
Twist, *casaim*, 5

U

Understand, *tuigim*, 10
Unite, *ceanglaím*, 23

V

Vacate, *fágaim*, 5
View, *féachaim*, 5

W

Wail, *caoinim*, 10
Wait, *fanaim*, 5
Wake, *dúisím*, 21
Warm, *téim*, 15

© Folens & a Chuid., Tta.,
Arna chló in Éirinn ag na foilsitheoirí ina gclólann féin.